सविता सिंह

सविता सिंह का जन्म फरवरी, 1962 को आरा, बिहार में हुआ। उन्होंने दिल्ली विश्वविद्यालय से राजनीतिशास्त्र में एम.ए., एम.फिल., पी-एच.डी. की। मांट्रियाल (कनाडा) स्थित मैक्गिल विश्वविद्यालय में साढ़े चार वर्ष तक शोध व अध्यापन किया। 'भारत में आधुनिकता का विमर्श' उनके शोध का विषय रहा। सेंट स्टीफेन्स कॉलेज से अध्यापन आरम्भ करके डेढ़ दशक तक उन्होंने दिल्ली विश्वविद्यालय में पढ़ाया। वे अमेरिका के इंटरनेशनल हर्बर्ट मारक्यूस सोसायटी के निदेशक मंडल की सदस्य एवं को-चेयर हैं।

उनके प्रकाशित कविता-संग्रह हैं—'अपने जैसा जीवन' (2001), 'नींद थी और रात थी' (2005), 'स्वप्न समय' (2013), 'खोई चीज़ों का शोक' (2021)। दो द्विभाषिक काव्य-संग्रह 'रोविंग टुगेदर' (अंग्रेज़ी-हिन्दी) तथा 'ज़ स्वी ला मेजों दे जेत्वाल' (फ्रेंच-हिन्दी) (2008)। उड़िया में 'जेयुर रास्ता मोरा निजारा' शीर्षक से संकलन प्रकाशित। अभी तक हिन्दी में अप्रकाशित एक और नए कविता-संग्रह 'प्रेम भी एक यातना है' का उड़िया अनुवाद प्रकाशित (2021)। अंग्रेज़ी में कवयित्रियों के अन्तर्राष्ट्रीय चयन 'सेवेन लीव्स, वन ऑटम' (2011) का सम्पादन जिसमें प्रतिनिधि कविताएँ शामिल। 'पचास कविताएँ : नई सदी के लिए' चयन श्रृंखला के तहत प्रतिनिधि कविताएँ प्रकाशित। ल फाउंडेशन मेजों देस साइंसेज ल दे'होम, पेरिस की पोस्ट-डॉक्टरल फैलोशिप के तहत कृष्णा सोबती के 'मित्रो मरजानी' तथा 'ऐ लड़की' उपन्यासों पर काम। राजनीतिक दर्शन के क्षेत्र में 'रियलिटी एंड इट्स डेप्थ : ए कन्वर्सेशन बिटवीन सविता सिंह एंड रॉय भास्कर' प्रकाशित। आधुनिकता, भारतीय राजनीतिक सिद्धान्त और भारत में नारीवाद आदि विषयों पर तीन बड़ी परियोजनाओं पर काम जारी। 'पोएट्री एट संगम' के अप्रैल 2021 अंक का अतिथि-सम्पादन।

कई विदेशी और भारतीय भाषाओं में कविताएँ अनूदित-प्रकाशित। कई विश्वविद्यालयों के पाठ्यक्रम में कविताएँ शामिल और उन पर शोध कार्य। हिन्दी अकादमी और रज़ा फाउंडेशन के अलावा 'महादेवी वर्मा पुरस्कार' (2016), 'युनिस डि सूजा अवार्ड' (2020) तथा 'केदार सम्मान' (2022) से सम्मानित।

सम्प्रति इन्दिरा गांधी राष्ट्रीय मुक्त विश्वविद्यालय (इग्नू) में प्रोफेसर, स्कूल ऑव ज़ेंडर एंड डेवलपमेंट स्टडीज़ की संस्थापक निदेशक।

ई-मेल : savita.singh6@gmail.com

खोई चीज़ों का शोक

सविता सिंह

राधाकृष्ण पेपरबैक्स

राधाकृष्ण पेपरबैक्स में
पहला संस्करण : 2021
दूसरा संस्करण : 2023

राधाकृष्ण पेपरबैक्स : उत्कृष्ट साहित्य के जनसुलभ संस्करण

राधाकृष्ण प्रकाशन प्राइवेट लिमिटेड
जी-17, जगतपुरी, दिल्ली-110 051
द्वारा प्रकाशित

शाखाएँ : अशोक राजपथ, साइंस कॉलेज के सामने, पटना-800 006
पहली मंजिल, दरबारी बिल्डिंग, महात्मा गांधी मार्ग, प्रयागराज-211 001

वेबसाइट : www.radhakrishnaprakashan.com
ई-मेल : info@radhakrishnaprakashan.com

बी.के. ऑफसेट
नवीन शाहदरा, दिल्ली-110 032
द्वारा मुद्रित

मूल्य : ₹199

KHOYI CHEEZON KA SHOK
Poems by Savita Singh

ISBN : 978-81-953085-7-6

उसे

जो है "नहीं" सा

क्रम

संसार एक इच्छा है	11
नक्षत्र नाचते हैं	13
ऐ शाम, ऐ मृत्यु	14
जाल	16
मौसम में खोने जैसा	17
जैसे वह	18
दुख का साथ	20
अपना इंतज़ार	22
अभी कोई बारिश नहीं हो रही है	23
सुनी जाने वाली बात	25
आह! जीवन	26
खोई चीज़ों का शोक	27
बीत गया समय	38
आवाज़ का इंतज़ार	40
ताम्बई आसमान	42
वही वीरानियाँ	44
लाल नदी	45
चकित-सा	47

बदली हुई जिल्द	49
चले गए मनुष्य की इच्छा	50
एक समय यह	52
मेरी भाषा	54
अधिनायक तंत्र	57
अन्धकार का मरु	59
अपूर्ण समय	61
सम्पत्ति यह पृथ्वी	63
इस पितृसत्तात्मक समय में	65
सृष्टि में प्रवेश	67
बन्द हवा	70
डॉक्टर की सलाह	71
माँद और जोख़िम का रिश्ता	75
अधबनी चाय	77
दृश्य चलते हैं	80
जीवागार	83
मृत्यु तुम कहाँ रहती हो	84
हराती रोशनियाँ	89
कहने की मुश्किल	90
मछलियों की आँखें	91
मैं आती हूँ तुम चलो	92
फ़िलहाल कविताओं के वन में	94
किसी और रंग में	97
लौटती हूँ तुम में शाल वन	99
बिम्ब	100
नहीं-सा	101
हवा संग रहूँगी	103
वह जीवन को जानती है	105

रात की हवा 106
कोई अन्धकार चाहता है 108
दावा 109
प्रिया 110
अलविदा 111
क्या करूँ 112

संसार एक इच्छा है

अभी जिस हाल में हूँ
उसमें बची रह गई तो भी बच जाऊँगी
मगर बच्चों की आवाज़ें
कानों में पड़ रही हैं
अभी उनकी इच्छाएँ मुझसे बातें कर रही हैं
उनकी ज़िद मुझमें प्राण भर रही है
वे जो चाहते हैं
उन्हें ले देने को वचनबद्ध हूँ

इसी हाल में तो यह संसार भी है
कामनाओं से उपजा
उसी में लिथड़ी
एक इच्छा

आज रात यदि सो सकी तो
दिन का प्रकाश दिखेगा ही
मैं भर जाऊँगी ख़ुद से

मैं घर से बाहर निकल
सूर्य को धन्यवाद कहूँगी

अभी जिस हाल में हूँ
इसी में बची रही
तो बच जाऊँगी
अपने बच्चों के लिए
जगत के लिए

नक्षत्र नाचते हैं

हमारी आपस की दूरियों में ही
प्रेम निवास करता है आजकल
सत्य ज्यूँ कविता में

ये आँसू क्यों तुम्हारे
यह कोई आख़िरी बातचीत नहीं हमारी
हम मिलेंगे ही जब सब कुछ समाप्त हो चुका होगा
इस पृथ्वी पर सारा जीवन

मिलना एक उम्मीद है
जो बची रहती है चलाती
इस सौरमंडल को
हमारी इस दूरी के बीच ही तो
सारे नक्षत्र नाचते हैं
हमें इन्हें साथ-साथ देखना चाहिए
हम अभी जहाँ भी हैं
वहीं से

ऐ शाम, ऐ मृत्यु

नहीं मालूम वह कैसी शाम थी
आज तक जिसका असर है
पेड़ों-पत्तों पर
जिनसे होकर कोई साँवली हवा गुज़री थी

बहुत दिनों बाद
वह शाम अपनी ही वासना-सी दिख रही थी
मन्द-मन्द एक उत्तेजना को पास लाती हुई
वह मृत्यु थी मुझे लगा
मरने के अलावा उस शाम
और क्या-क्या हुआ
जीना कितना अधीर कर रहा था
मरने के लिए
एक स्त्री जो अभी-अभी गुज़री है
वह उसी शाम की तरह है
बिलकुल वैसी ही
जिसने मेरा क्या कुछ नहीं बिगाड़ दिया

फिर भी मैं कहती हूँ
तुम रहो वासना की तरह ही
ऐ शाम, ऐ मृत्यु
मैं रहूँगी तुम्हें सहने के लिए

जाल

न प्रेम न नफ़रत एक बदरंग उदासी है
जो गिरती रहती है भुरभुराकर आजकल
एक दूसरे की सूरत किन्हीं और लोगों की लगती है
लाल-गुलाबी संसार का किस सहजता से विलोप हुआ
वह हमारी आँखें नहीं बता पाएँगी
हृदय की रक्त कोशिकाओं को ही इसका कुछ पता होगा

उन स्त्रियों को भी नहीं
जिन्हें उसे लेकर कई भ्रम थे
जो अब तक मृत्यु के बारे में बहुत थोड़ा जानती हैं

वे दरअसल स्वयं मृत्यु हैं
जो उस तक शक्ल बदल-बदलकर आईं
सचमुच मौत ने बनाया था उससे फ़रेब का ही रिश्ता

न प्रेम न नफ़रत
कायनात दरअसल एक बदरंग जाल है
जिसमें सबसे ठीक से फँसी दिखती है उदासी ही

मौसम में खोने जैसा

एक पत्ता डाल से लगा हुआ था किसी तरह
पतझड़ में आज वह भी गया
इसे किसी पीले रंग ने ख़ुद में मिला लिया
वह गिरा आँखों के सामने ही
हवा ने उसे यों उठा लिया
जैसे इसे उसका ही इंतज़ार था

मैं जानती थी इस पत्ते को कुछ इस तरह
मानो रेशा-रेशा
हवा ने जिस तरह उसे एक दर्द में तब्दील किया
उसे इस तरह जानने की वजह से और भी ज़्यादा

देखती रही थी मैं वह ख़ुद में उतरता रहा था
अपनी लपटों में घिरता जाता हुआ
एक आग का निमंत्रण उसने स्वीकार कर लिया था
बग़ैर मुझसे सलाह किए

पत्ते का यों जाना मौसम में कुछ खोने जैसा है
अपनी नसों में ख़ून का ज्यों ग़ायब होना

जैसे वह

यह क्या है
किस पहर का असर यह
कि यूँ उदास हुई जाती हूँ
बस उदास
ऐसी सधी उदासी!

व्यथित होने के लिए
और और क्षीण होती आत्मा के लिए
कौन-सा पहर सही है

चुनूँ कैसे वह समय
जिसमें गल जाए सारी की सारी प्रसन्नता
चित्त में बाक़ी थोड़ा भी
बचा रहे सूखा-सा दुख बस फटा-फटा

वह कोई पहर ही रहा होगा
होठ जब महसूस करते थे होठ

दोपहर अपना तापमान
सारी पृथ्वी नाचती होती थी जब अपनी वनस्पतियों के संग

कौन-सा पहर यह
जिससे निकल चुका है समय जैसे वह

दुख का साथ

मैंने मान लिया है
हमारे आस-पास हमेशा दुःख रहा करेंगे
और कहते रहेंगे
'ख़ुशियाँ अभी आने वाली हैं
वे सहेलियाँ हैं
रास्ते में कहीं रुक गई होंगी
गपशप में मशगूल हो गई होंगी'
वैसे मैंने कब असंख्य ख़ुशियाँ चाही थीं
मेरे लिए तो यही एक ख़ुशी थी
कि हम शाम ठंडी हवा के मध्य
उन फूलों को देखते
जो इस बात से प्रसन्न होते
कि उन्हें देखने के लिए
उत्सुक आँखें बची हुई हैं इस पृथ्वी पर

मेरे लिए दुःख का साथ
कभी उबाऊ न लगा
वे बहुत दीन-हीन ख़ुद लगे

उन्हें सँवारने की अनेक कोशिशें मैंने कीं
मगर वे मेरा ही चेहरा बिगाड़ने में लगे रहे

मेरा चेहरा किसी फूल-सा हो सकता था
खिली धूप में चमकता हुआ!

अपना इंतज़ार

उसके साथ वहाँ कुछ भी नहीं था
अपने अकेलेपन के सिवा
आसमान अपने रंग छिपाकर लगभग सलेटी था
जैसे वह कोई पठार हो पृथ्वी का ही एक हिस्सा
धरती पाँवों के नीचे थी मगर कितनी कम ठोस
और समुद्र दूर कहीं जहाँ से सुनाई पड़ती थी
बस उसके सिर पटकने की आवाज़

धुँधलका छँट चुका था
अब तो बस उसे अपना चेहरा ही उतार फेंकना था
वही जिसे यह संसार जानता था
और चल देना था चीर कर प्रकाश के अप्रतिम तेज को वहाँ
जहाँ वह अपना ही
इंतज़ार कर रहा था

अभी कोई बारिश नहीं हो रही है

यहीं ठहरी हुई हूँ कुछ देर
ज्यों एक साँस व्यर्थ-सी थमी हुई
यहीं तुम्हें आना होगा अपने पंख समेटकर
फिर से उड़ जाने की मंशा को स्थगित करके

इस बार यहीं मिलन होगा हमारा
मैं नहीं जाना चाहती
उस अनजान नदी के किनारे
जहाँ तुम बुलाते हो बिना अता-पता दिये

चाँदनी रात है
तुम्हारे आँगन का कुदाल चमक रहा है अब भी
मधुमक्खियों का छत्ता शान्त लटका हुआ है
छज्जे के कोने में
तुम्हारी चिरपरिचित प्रेमिका—मृत्यु
नीले वस्त्र पहन साथ ही बैठी है
मैं उसे भगाने वाली हूँ
अपने पाँव उधार देकर

इस समय रात है—
सूखी रात
चम्पा खिली हुई है
नीबू के फूल अपनी सुगन्ध से इस जगह को भर चुके हैं
हमारी दो बेटियाँ फिर से जन्म ले रही हैं

तुम आओ
अभी कोई बारिश नहीं हो रही है

सुनी जाने वाली बात

कैसे कहूँ कि जैसे कहने से ही
कही जा सकती है वह बात
जो सुनी जाए ठीक से वैसे
जैसे वह कही गई है

कैसे आश्वस्त करूँ सुनने वाले को
कि जो की जा रही है बात
वर्षों रियाज़ किया गया है उसे कहने के लिए

कैसे बताऊँ कि बातों का एक लम्बा इतिहास रहा है
एक लम्बा आलाप
ख़ुद में समोये कितने ही दुखों को
कितने ही उतार-चढ़ाव रहे हैं
ढलान कई-कई
समय की खाई में गुमराह
किसी तरह से बची रही यह बात
एक आवाज़ खोजती अपनी परिणति
जो सुने जाने में ही है आह!

आह! जीवन

आजकल एक ज्वर-सा रहता है
किन्हीं और के जीवन में बचे रहे प्रेम को
समझती रहती हूँ
अपने सूखे मन-प्रान्तर में यूँ ही टहलती रहती हूँ
प्रेम जहाँ कहीं है भला लगता है

आजकल एक ज्वर-सा रहता है
कुछ भी समझने की चेष्टा नहीं
बस एक ताप महसूस करती हूँ
जाने किस बुख़ार का

कभी-कभी बस बोल पड़ती हूँ
जीवन!
आह! जीवन।

खोई चीज़ों का शोक

अपरिचित हवा कैसी यह
झुरझुरी बदन में
अजब रोशनी फैली है
हरी नीली मिली कुछ इस तरह
धरती ज्यों आसमान से
एक लकीर-सी खिंची है तेज़ धार शमशीर ज्यों
चीरती हुई दृश्य को बीच से

इसी पर चलकर गया होगा वह
छोड़कर अपना सारा सामान
कोई मछुआरा ज्यों अपना जाल
सफ़ेद रात उतरी होगी यहाँ से ही उस पार
कोई समुद्र जहाँ प्रतीक्षा करता रहा होगा उसकी
रोके अपने जहाज

मेरे विचलन को कोई समझता है
छाती में बसी धुकधुकी को सुन रहा है कोई
कोई जान रहा है एक चिड़िया अपनी जान गँवाने वाली है

तभी वह कहता है :
कोई जाता नहीं कहीं
हूँ पहले से अधिक तुम्हारा ही
तुम्हारे शोक में घुला हुआ

कल ही मिला था मित्र सुरेश सलिल से
तुम भी तो साथ आई थीं
हम बैठे थे पार्क में सीमेंट वाली बेंच पर
तुम्हारा माथा पहले ही की तरह मेरी गोद में था
मेरी अँगुलियाँ तुम्हारे बालों में
सब कुछ भूल सकता है मनुष्य
मगर नहीं स्पर्श
हमारे बीच बेशक मौन था
जो था हमारा अपना ही
हमारी साँसें एक दूसरे में समाई हुईं
समझतीं कहने को क्या हो सकता है
जब दो लोग समझ रहे हों एक दूसरे को यूँ
तुम्हारे भीतर एक बदहवासी थी मगर
एक नई घबराहट
मैंने तुम्हें कई बातें पहले से बता रखी थीं
और यह भी
कि यह लड़की जो आस-पास मेरे रही है जन्म से
तुम्हारा कुछ नहीं बिगाड़ेगी
वह बस अपना नियत काम करती है
लम्बी साँवली छींटदार साड़ी में
वह एक मासूम-सी उपस्थिति है
देखो उसके बाल किसी नवजात शिशु की तरह हैं
महीन मुलायम

उसके हाथ बच्चे के हाथों की तरह
तुम्हें क्यों भय होता है इससे
हम सदा ही तीन जने थे
तब भी जब हमारी बेटियाँ हुईं
मैं तुम और यह मृत्यु!

तुम्हें जाने क्यों वह किसी डरावनी चिड़िया-सी दिखती थी
तुम सदा उसे उड़ाने की फ़िक्र में लगी रहती थी
लेकिन तुम्हें तो पता ही था वह मेरे ख़ून में शामिल थी
प्रवाहित प्राचीन किसी दर्द-सी
मेरी हड्डियों से लगकर
सटकर नसों से बहती

उसका रंग लाल के बाद तुरन्त कत्थई
हो जाया करता था
तुम्हीं उसे साफ़ करती थीं अक्सर
रात के अन्तिम पहर
जब वह बहने लगती थी शरीर से बाहर
तकिये बिस्तर पर पसरती
जीवन की चादर पर चकत्तेदार मृत्यु!

क्या है जो तुम्हें आज इतना अचम्भित करता है
उद्वेलित इतना भयभीत भी
तुम्हें बताना चाहिए था हमारी बेटियों को खुलकर
तुम उन्हें नाहक बचाती रहीं इस अंतरंग यथार्थ से
जैसे कि सचमुच तुम उन्हें बचा सकती थीं
तुम्हें बताना चाहिए था उन्हें इस गुप्त स्त्री के बारे में
जो सोई रहती थी हमारे बिस्तर में

मुँह उधर किए हुए
वह कभी भी करवट बदल सकती थी
नींद में कभी नहीं होती थी यह तुम जानती थी
तब भी नहीं जब हम सम्भोग कर रहे होते थे
यात्रा साथ दूसरे नक्षत्रों की

आज क्यों इतनी हतप्रभ
तुम्हें पता था मेरे पास थीं प्रेम करने की ऐसी हिकमतें
कि सारी ख़ामोशियों को ताले की तरह खोल सकता था
पिघला सकता था किसी भी पत्थर को
तुम्हारे लिए ही चकमा देता रहा इस स्त्री को हँस-हँसकर
लड़ती-झगड़ती उसे कोसती तुम
नाहक बुलाती रही उसे खटकीन वेश्या बुरी औरत
वेश्याओं की भी आख़िर गरिमा होती है
उन्हें भी प्रेम चाहिए, तुम्हें उनकी हिमायत करनी चाहिए
उनमें भी प्रफुल्लता होती है
हर मिजाज़ की होती हैं वे भी
तुम्हें जानना चाहिए उन्हें
उनकी आन्तरिक दुनिया को
उनके भीतर पड़े दुख के पत्थर को देखना चाहिए

तुम्हें मैं कुछ बताने ही वाला था
कि तुम ख़ामोश हो गई थीं, बहरी
तुम्हें मेरी बातें सुननी चाहिए थीं
डरना नहीं चाहिए था उनके बदलते रंगों से
कि आती थी कई-कई रंगों में
वे मृत्यु की परछाइयाँ थीं
मैं जानता था जैसे तुम भी

कि उनके फ़रेब का एक आलम था मेरे इर्द-गिर्द
तुम कहती थीं बचिए इनसे
ये डुबा देंगी आपको किसी काले जल में

मगर मैं जानता था बचने का कोई तुक नहीं था
वे आ चुकी थीं मृत्यु की सन्देश-वाहिकाएँ
मैं इंतज़ार कर रहा था तुम्हारे हटने का
तुमने मुझे कुछ ज़्यादा ही ज़ोर से पकड़ रखा था
तुम्हें थोड़ा ढीला छोड़ना चाहिए था मुझे
थोड़ी सैर करने देना चाहिए था
फिर भी तुम्हारी गोद में ही जाता
नहीं भेजता अपने से ज़रा भी दूर तुम्हें

वैसे जाने का एक सलीका भी होना चाहिए
यह मेरा अनुबन्ध था मृत्यु से
जाना शानदार होना चाहिए
अच्छे कपड़ों में अपने बिस्तर में किताबों के बीच
चाय पीते हुए अबीर-गुलाल से खेलती हुई अप्सराओं की सोहबत में

ठीक से जाने का अनुबन्ध था मेरा

वैसे ही गया भी
सोचता हुआ अपने देश और बच्चों के भविष्य के बारे में
छोड़कर जाना चाहता था अपना थोड़ा रक्त
वही था मेरे पास साहस सरीखा
उससे ही लड़ी जा सकेगी आगे की लड़ाई
हमारी बेटियाँ लड़ेंगी
ग़ैर-बराबरी और क्रूरताओं से

मुझे यक़ीन है जैसे है तुम पर भी

उन्हें तुम बताना उनका पिता एक अच्छा इन्सान था
बाक़ी उन पर छोड़ देना
वे ख़ुद-ब-ख़ुद समझ लेंगी बहुत कुछ और
जीवन के ऐसे थपेड़े उन्हें न झेलने पड़ें
जिन्हें झेला मैंने बस इसका ख़याल रखना
थोड़े से अनुशासन से बहुत कुछ सँभल सकता है
अच्छी समझ अच्छा सलीका हासिल हो सकता है

मैं हताहत हुआ
रहा
दोस्तों से मात खाता हारता हुआ जीतता
अपनी शर्तों पर ही रहा जीता
तुम बताना बेटियों को
वे अभी नादान हैं उन्हें ये बातें मैं नहीं समझा सका
अपनी ही एक दुनिया में मुब्तिला रहीं वे
शोर-भरे संगीत में डूबीं
जबकि मैं जानता हूँ वे लौटेंगी एक दिन जीवन की लय की तरफ़
तुम उन्हें समझाना पिता का प्रेम एक दुर्लभ वस्तु है इस दुनिया में
जिसे मैंने सुरक्षित रखा कलेजे में शहद-सा उनके लिए
मुझे मालूम है वे तुमसे नालिश करती थीं
कि मुझमें पितृसत्तात्मक महत्वाकांक्षाएँ थीं
उनके जीवन को मैं नियंत्रित करना चाहता था
मगर कौन अभागा पिता नहीं चाहेगा
उसकी बेटियाँ सुरक्षित रहें इस हिंस्र देश में
कि वे समय से घर आएँ-जाएँ

उस तरह का अब मेरा कोई आग्रह नहीं हो सकता न ही मंशा
यहाँ न कोई गन्ध है न रंग बता सकूँ जिसे
यहाँ एक अपरिचित-सी रोशनी है
जिसमें घुल गई है पहले वाली सारी चिपचिपाहट
मुक्त हूँ उस खारे स्वाद से जो बना रहता था जिह्वा पर
जिसे मैं चुभलाता रहता था
शरीर में दौड़ने वाला वह दर्द भी नहीं जो बना रहता था
ऊपर से नीचे तक
जिसके बारे में ज़्यादातर तुम्हें बताता नहीं था
जैसे उन घावों के बारे में भी नहीं
जो मुझे मिले थे, मिलते थे अपनों से
जिन्हें मैं जज़्ब करता जाता था
मिलाता अपने ख़ून में उसे और गाढ़ा करता

अन्त तक मैं रहा उद्धत उनकी मदद के लिए फ़िक्रमन्द ही
मगर दो शब्द नहीं रहे कभी उनके पास कृतज्ञता के
षड्यंत्र तिरस्कार यही रहा भाव उनका
खोटे सिक्कों की तरह बजती रहीं उनकी बातें
मेरे ख़ुद्दार मस्तिष्क में
मैंने बहुत कम परवाह की ऐसी बातों की
बस सोचता और समझता रहा
अपने समय को, देश समाज को
लड़ने संघर्ष करने से ही आख़िर फ़र्क़ पड़ता है चीज़ों में
करता रहा वही
तुम साक्षी हो मैं परवाह करता था
तारों की असली चमक की
नहीं गया कहीं ख़ुद को चमकाने
मैं ख़ुशबुओं की सोहबत था

था बहुत पहले से ही
मैं समझता था काँच और हीरे का फ़र्क़
तभी विचलित हुआ नहीं

निकला अपनी तरह लिखता-कहता अपनी बातें
सावधान करता ख़राब समय आ रहा है

तुम्हें अफ़सोस नहीं होना चाहिए मेरे यूँ निकल आने का
जो कुछ था मेरे पास सब दे चुका था तुम्हें
मैं ख़ाली था इस मायने में
सारा प्रेम सारी नसीहतें तुम्हें सौंप चुका था
तुम कह सकती हो अपनी ये बातें अब अपनी तरह से
तुम्हें स्वतंत्र छोड़ आया हूँ इसे दूसरों के लिए भी
हासिल करो
और क्या कहूँ आश्वस्त करने के लिए तुम्हें
तुम जब भी मिलना चाहो हम मिल सकते हैं इसी पार्क में
टहलते हुए कर सकते हैं बातें
किसी मनोरम नदी के किनारे बैठ सकते हैं

मैं कामना करता हूँ
तुम्हारा जीवन चमकदार हो
त्रिलोचन के धूप-भरे दिन-सा
जिसमें जग सुन्दर दिखता है
तुम्हें प्यार देता हूँ
जो दिया सदा तुम्हें लिया उससे ज़्यादा मगर
तभी जी सका यह विकट जीवन जो जिया
तुम्हें सुनकर हैरानी होगी
कि मैं मिलता रहा हूँ अपने कई मित्रों से

इसी प्रेम के लिए
मित्र उस फल की तरह होते हैं
जिनकी वजह से मनुष्य वृक्षों तक जाते हैं
मैंने उनको भी बताया कि मैं आता रहूँगा
शामिल उनके संघर्षों में अब भी
उनके साथ टहलूँगा बैठूँगा
उन बेघर लोगों के साथ जो
सड़कों के किनारे गुज़र-बसर करते हैं
माँगकर लाऊँगा उनके लिए पैसे
चाय-पानी का करूँगा इंतज़ाम
ऐसे में यदि मिल जाएँ अनूप सराया
आनन्दस्वरूप, त्रिनेत्र, अरुण कमल
या फिर विष्णु नागर जी
मंगलेश डबराल या फिर राजेश जोशी, आलोक धन्वा भी
वे तुम्हें बताएँगे
हुई थी उनकी मुलाक़ात मुझसे सपने में

दरअसल यह दुनिया कई रूपों वाली है
हैं इसके कई-कई इतिहास भी जिन्हें हम यथार्थ की तरह
समझ सकते हैं
जैसे यह जीवन ही है कई परतों वाला
हमारे अपने कई-कई स्तर चेतना के
देह की हैसियत कम ही रह जाती है इस धरातल पर
हम मिल सकते हैं इसलिए एक दूसरे से यहाँ
इसे एक भाषा की तरह समझो
यदि समझ लिया गया इसका व्याकरण
बहुत कम शब्दों से बन सकती हैं अनेकों पंक्तियाँ
एक कविता की हो सकती हैं कितनी ही आवृत्तियाँ

हम कविता की हर नई बनावट में मिल सकते हैं
सौभाग्य से हमारे पास यह हिक़मत है

यहाँ न हिमोफिलिया होगी
न रक्तस्राव ही विचलित कर सकेगा हमें
न वह डरावनी चिड़िया ही होगी बड़े डैनों वाली
जो तुम्हारी आत्मा में फड़फड़ाती थी
यहाँ इन सबकी कविताएँ होंगी अपना यथार्थ लिये
उनकी छवियाँ ख़ुद को प्रक्षेपित करतीं

उन बातों से याद आती वह शाम लंदन की टेम्स नदी के किनारे
हम टहल रहे थे और हल्की बारिश हो रही थी
मैंने कैमरे से तुम्हारी तस्वीर लेनी चाही
जाने कहाँ से एक तेज़ हवा आई
तुम्हारे छाते को ले गई उड़ाकर
तुम दौड़ती हुई आईं और लिपट गईं मुझसे
फिर कहा 'छवि नहीं, प्रेम चाहिए'

मैं कहता हूँ जितना यथार्थ इस याद में है
और जितनी छाया
और बीचो-बीच इसके जितनी बारिश और हवा
और जितना अनुभव प्रेम का
लगभग वैसे ही जान सकते हैं हम इस दुनिया को
हवा यहाँ की और पानी यहाँ का
इनकी अपनी आवाज़ें हैं
बेआवाज़ पुकार की तरह
जब लगे हवा तुम्हारे बदन से
समझ लेना यथार्थ के किसी और आयाम के संसर्ग में हो

इस तरह हम मिल सकते हैं अक्सर पार्क के बेंच पर
जैसे हों हम घर में सोफ़े पर बिस्तर में इत्मीनान से बातें करते
दुनिया जहान की

यदि ऐसे में तुम्हें किसी नदी का नाम बताया जाए
शक न करना उसे याद रखना
वह नदी होगी कहीं न कहीं
चीज़ें खोती रहती हैं उनका शोक न करो
वे मिलती भी हैं जैसे कोई सिक्का गरम कोट की जेब में
रखा गया पिछली ठंड में

अचानक दिख गई यदि कोई नदी या फिर
उसकी याद
या फिर जैसे पवन-पानी
उसकी कोई झलक कोई छवि
इन सबमें उसका एक किनारा होगा
जहाँ इंतज़ार करेगा एक कवि
अपनी कविता का

फ़िलहाल हम मिल सकते हैं हमारी पहली मुलाक़ात की याद में
यदि तुम्हें नहीं मिलती है अभी यह नदी

बीत गया समय

अचानक आँख खुली तो आसमान में लाली थी
अभी-अभी पौ फटी थी
एक ठंडी हवा देह से लग-लग कर जगा रही थी
मेरा बिस्तर एक नाव था अथाह जल में उतरा हुआ

मैं यहाँ कब और कैसे आई
यह कोई नदी है या समुद्र
सोच नहीं पा रही थी
लहरें दिखती थीं आती हुईं
बीच में ग़ायब हो जाती हुईं
यह कोई साइबर-स्पेस था शायद
यहाँ सच और सच में फ़र्क़ इतना ही था
जितना पानी और पानी की याद में
कैसी दहला देने वाली यादें थीं पानी में डूबने की
हर दस दिन में दिखती थी मैं किस क़दर डूबती हुई

यह अद्वितीय परिस्थिति थी

जिसमें मैं अकेली नहीं थी
उसी की तरह मृत्यु मेरे भी साथ थी

कौन जान सकता है
हम दोनों ही सही वक़्त का
इंतज़ार कर रहे थे
यह नाव को ही पता था उसे कब पलटना था
और किसे जाना था पहले
यह भी ठीक से नहीं पता चला
कब वह इस नाव पर आ गया था
बेछोर आसमान के नीचे
पानी के ऊपर बगल में

मैंने आँखें तब बन्द कर ली थीं

आसमान की हलकी लाली अब तक बची थी
जो मेरे गालों पर उतरने लगी थी
मैं सजने लगी थी
मुझे भी कहीं जाने की तैयारी करनी थी
वह जान गया था
और अफ़सोस में जम-सा गया था
हमारे पास कहने को कुछ नहीं था
कभी-कभी कहने को कुछ नहीं होता

वह समय बीत चुका होता है

आवाज़ का इंतज़ार

उधर से कोई आवाज़ नहीं आती
उधर से एक आह आती है
छूट गई देह की सिहरन
हवा में मिली हुई
एक छाया अपनी ही छाया छोड़ जाती हुई

कितना कुछ इसमें जानने को है
क्यों आख़िर वाक्यों के विन्यास बिगड़ने लगे
क्यों ग़ायब हुईं वे ध्वनियाँ, रागनियों की सहेलियाँ
वे सिर्फ़ गीत ही नहीं बनाती थीं
वे जीवन की लय थीं

कोई आवाज़ उधर से नहीं आती
देह अब तक ठंडी है
सारी ऊष्मा वाष्प बनकर गई कहीं
ऊर्जा की तरह बाक़ी स्मृतियाँ हैं
उनका कुछ नहीं बिगड़ा
वे जस की तस हैं अपने सारे संस्तरों में

एक पत्ता जो चला गया था पतझड़ में
उड़ता हुआ आया है इधर स्मृति-सा
सारी नसें उसकी अब भी बची हुई हैं
बाक़ी सब कुछ चाहे हो जितना जर्जर

उठाती हूँ इसे जैसे छूटा हुआ
किसी का पुराना मोबाइल फ़ोन
कान से लगा उधर से आने वाली
आवाज़ का इंतज़ार करती हूँ

ताम्बई आसमान

आसमान ताँबे-सा आज
एक फैली हुई ताम्बई चादर ज्यूँ
इस छोर से उस छोर तक
और मेरा हृदय खोजता इसमें अपनी अन्यमनस्कता

क्योंकर आज आसमान हुआ ऐसा
धरा क्यों ऐसा रूप इसने

हवा कहती अभी क्या है
लगता नहीं कुछ भी हो रहा है कहीं
वह स्पर्श भी महसूस नहीं होता
जो त्वचा से अधिक यादों में बचा रहा था

इस ताम्बई आसमान से
क्यों बना जाता है यह गहरा रिश्ता
बनता जाता है क्यों यह शरीर
कुछ से भी अधिक एक पदार्थ अभी

भूलता अपनी गहराई सिहरन भी
शीशे-सी आत्मा की क्यों बिगाड़ रहा है पारदर्शिता!

अन्यमनस्क हूँ या उदास अभी
यह आसमान मुझ पर कितना भारी आज!

वही वीरानियाँ

लौटी हैं वही वीरानियाँ फिर
भरी होती थीं जो मारक क्रूर बेचैनियों से कभी
कट-कट कर गिरते थे शब्दों के सिर जिनमें
कविता की तरफ़ आते हुए

वही मारक मौन बेचैनियाँ
देखती थीं जो अपलक मेरे साथ घंटों
उन आकृतियों को जिनसे उम्मीद बँधती थी
प्रेम और सुख की
और गहरी साँस ले जो भूल जाती थीं
हर निराशा को

लौट आई हैं वर्षों बाद
समेटने मेरे आस-पास की बची-खुची हवा
व्याप्त उसमें नाम मात्र की नमी

लाल नदी

अब मैं वहाँ नहीं
जहाँ ठहरा गए थे तारे मुझे
वह एक ढलान थी
मैं वहाँ से गिर सकती थी नीचे किसी खाई में
वह बगल में ही थी
नैतिकता की लाल नदी जिससे लगकर
बहती थी

अब मैं वहाँ नहीं हूँ
चलती हुई चली आई हूँ
ऐसी जगह जो कोई प्रदेश नहीं
नहीं ही उसका हिस्सा
वह एक प्रयोगशाला है थोड़ी-सी जगह लिये हुए
इसमें शब्द जन्म लेते हैं
कविताएँ अपना रूप गढ़ती-बदलती हैं यहाँ

यह एक भाषा है जिसमें मैं चली आई हूँ चलती हुई

एक नई भाषा है यह
जहाँ प्रेम का मतलब
वासना का अनुकूलन नहीं
विस्तार है
वही वासना जिससे नई सृष्टि जन्म लेती है
जिससे सटकर बहती है कोई लाल नदी

चकित-सा

जो था वह अपूर्ण था
जिधर पूर्णता थी
उधर सारे तालाब भर गए थे कामनाओं से उनके
जिन्हें नहीं पता था कामना क्या है

प्यास असंख्य थी
इतनी सारी धूल फिर भी
इस नम इलाक़े में
भीतर उड़ती-पड़ती हुई थी

जो रास्ता हो सकता था जल तक पहुँचने का
वही धुँधला किए जा रहा था पूरे दृश्य को
तालाब तक पहुँचने की ज़िद मगर पुरानी थी
चली आ रही थी पिछले कई जन्मों से जो

पानी पर कुमुदिनी फैली हुई थी
खिल रही चाँदनी की तरह

मंद-मंद जल के साथ हिलोरें लेती
जैसे इसी के बिना सब कुछ अपूर्ण था

एक प्यास चली आ रही थी जल की ओर
एक सृष्टि चल रही थी यूँ
मेरा हृदय सभी कुछ जान रहा था अभी
अपने स्पंदन में
चाँद सभी कुछ देख रहा था
चकित-सा

बदली हुई जिल्द

कल वह किताब गुम हो गई थी
आज सुबह-सुबह ठीक टेबल पर सामने रखी मिली

बस उसकी जिल्द बदली हुई थी
उसका नाम भी बल्कि कुछ और है

किताब की पहली पंक्ति से लेकर
आख़िरी तक बातें वही थीं, वही कहानी
बीच के पृष्ठ मैंने देखे नहीं

बस सोचती रही
कैसे चीज़ें ख़ुद को बदलती हैं
कहीं चली जाती हैं कभी
फिर प्रकट भी हो जाती हैं
भीतर का सब कुछ हिलाती हुईं

कल का दिन अनमना-सा था कितना
आज का दिन कितने आश्चर्यों से भरा!

चले गए मनुष्य की इच्छा

अधनींदी अवस्था में तुम आए थे
उसका माथा चूमने
उससे तुमने कुछ कहा था उसे ऐसा लगा था

तुम अपने नंगे शरीर को
शर्ट की तरह पहन अपनी पतलून ढूँढ़ रहे थे
तुम्हारा तो बहुत कुछ यहाँ रह गया था
जब तुम्हें उसने ऐसे देखा
तुम सहम गए थे
यूँ देखा जाना तुम्हें कभी पसन्द नहीं था

एक गन्ध तुमसे लिपटी हुई आई थी, उसने कहा
तुम्हारे हाथ में सफ़र का सामान था
जैसे तुम किसी अनजान जगह से आए थे
या फिर अपनी कुछ चीज़ें ले फिर जाने वाले थे

वह गन्ध जो साथ आई थी
तुम्हारी किताबों में जा दुबकी थी

फिर जज़्ब हो गई थी
कोई माफ़ीनामा ज्यों जज़्ब होना चाहता हो
किसी काया में

यह सब धुँधला-धुँधला सा था
साफ़-साफ़ सा कुछ नहीं
फिर कुछ गिरा था उसने कहा
जैसे कोई भूल अपनी ही
पश्चाताप कोई अपना

अहसास की तरह था यह सब कुछ
तुम लौटना चाहते थे जीवन की चक्की की तरफ़
उसकी घर्र-घर्र की आवाज़ की तरफ़
इस चाहने तक लेकिन
कितना कुछ बदल चुका होता है
प्रेम रहस्य में
वात्सल्य हूक में

आख़िर क्या जोड़े रखता है चले गए
मनुष्य को
अपनी औलाद का माथा चूमने की
इच्छा से
इस मनहूस पृथ्वी से

एक समय यह

अपने समय से कुछ काम किया
अपने समय से कुछ काम हुआ
बाक़ी में बेचैनी-भरी धूप रही
धूल और गर्द से भरी हुई
उस समय चाहकर भी
कुछ नहीं कर सकी
मेरी ही बलिष्ठ इच्छा
सच्ची आत्मा मेरी

यह एक समय है
जिसमें कुछ करना होगा
अन्यमनस्कता ज़हर है अभी
कायरता मृत्यु

कविता चुप हो भले
अपलक ताकती सामने की सड़क
जिस पर गाड़ियाँ दौड़ती हैं अब भी
बैठे हैं जिनमें सैनिक और सेनापति

यह एक समय है
बोलना जिसमें जोखिम-भरा काम है
लिखना अपने हाथ काटने जैसा

मेरी भाषा

हिन्दी मेरी भाषा
तुम भी एक स्त्री जैसे कविता
मुझ जैसी कितनी और कवयित्रियाँ
रात और उसकी सफ़ेद नदियाँ

सावधान मगर उनसे
जो तुम्हारी सवारी करते हैं
बनाते हैं तुम्हें
कोई खच्चर गाड़ी
जलयान, रॉकेट या सख़्त जान कोई सीढ़ी
तुम्हें सामन्तों को सामन्त
दमन को दमन ही समझना है
तुम्हें भूलना नहीं है अपना कठिन व्याकरण
जो हम और तुम सीखते आए हैं रात की भाषा से
चिड़ियों की आवाज़ों में जिस तरह छिपाते रहे हैं
अपनी प्रकृति और रहस्य उसका

हम इस दुनिया को बदल सकते हैं
अपनी इस सख़्ती से
हमें किसी के पाँव पर गिरने की क्या ज़रूरत
हिन्दी मेरी भाषा, मेरी मुक्ति, वासना मेरी
अस्तित्व के ऊष्म इलाक़ों में शीतल बयार-सी बहती
करोड़ों वर्षों के परिष्कार की परिणति
तुम चलती हो मेरे भीतर एक दीर्घ श्वास-सी

अकेले तुम ही हो यूँ बाहर-भीतर मेरे
जैसे कोई देह प्रेम में किसी के
तुम न हिन्दी हो, न उर्दू अकेली
मैथिली, मगही या फिर भोजपुरी
एक राग हो अन्ततः इस क्षणिक जीवन का
जिसे हवाएँ गाती हैं नदियों संग मिलकर
वैसे जैसे तितलियाँ लय में उड़ती हैं
संग-संग दिशा बदलतीं

भाषा मेरी वासना, मेरी गति
तुमसे ही कह सकती हूँ
सहज निर्लज्जता से
मुझे चाहिए मुक्ति आत्मा के सारे सिद्धान्तों से
उसके अनगिनत वस्त्रों से
जिसे धारण करने वह कई रूप लेती है
कई जन्म मनुष्यों के
ऐसी मनुष्यता से भी मुक्ति, मेरी भाषा
ईश्वर के बिना जो नहीं ठहरती

लिख लूँ बस अपनी बची-खुची कविताएँ
हो तुम्हारी इनायत इतनी
मेरी भाषा, महान चरित्रवान कहलाने की
नहीं कोई लालसा मेरी

अधिनायक तंत्र

अभी तो सारा का सारा ही जल हिल रहा है
अभी समुद्र पूरा का पूरा हिल रहा है
उफनने का स्वाँग नहीं कर रहा
हिल रहा है

अभी बहुत कुछ होने का अन्देशा हो रहा है
थोड़ी देर में ही पृथ्वी चौपट हो सकती है
पूरा लोकतंत्र बिखर सकता है

अभी वह भी सोकर जागा है
आलिंगन में उस प्यार को भरने
जिसे वह खो चुका है

अभी सारा का सारा जल हिल रहा है एक साथ
समुद्र जाने कैसा दिख रहा है
अपनी मछलियों को
वह कैसे बचाता है

जब वह इतना हिल रहा है
सोचना बाक़ी नहीं, ज़रूरी है

यह तो एक घोंघे ने मुझे बताया
मेरे पैरों तले जो दबा था
कि सारा का सारा जल
भीतर से बाहर तक हिल रहा है
कोई देश जैसे हिलता है अधिनायक तंत्र में

अन्धकार का मरु

वह अँधेरे जैसा था
अन्तहीन लगता-सा मरु
अन्धकार ढलती-उठती रेत
अन्धड़-सा बीच में कभी-कभी

मैं यहाँ क्योंकर मैं सोचती थी
और बढ़ती जाती थी
ऐसा लगता नींद में हूँ
और पाँव उठ नहीं रहे
कि निकलूँ पार इसके

तभी वह दिखा
इस मरु का मालिक
बारासिंगा पशु
पहले मध्यम फिर तेज़ गति से
दौड़ता आता हुआ मेरी तरफ़

मुझे कोई ख़ौफ़ नहीं था मगर
मुझे मालूम था वह बस रेत है

शुद्ध धूल
जैसे उठा है वैसे ही गिरेगा भी

बस इतना देखना बाक़ी था
कितना हिंसक हो सकता था
मगर यह क्या
यह तो मेरे पैरों पर आ गिरा
धराशायी हाँफता
मुझे पता था यह भी उतना ही
भ्रामक कृत्य है
जितना इसका बाक़ी सब कुछ—
बलिष्ठ देह सुन्दर सींग

मैं उसके उठने का इंतज़ार
करने लगी
और वह रेत होता गया
अन्धकार का मरु

अपूर्ण समय

यह एक समय है
बीत जाने वाला
हो चाहे इसका रंग अभी कितना ही गाढ़ा
दहशत चाहे जितनी मारक
एक भीत ही है आख़िर रेत की
भुरभुरा जाएगा
कितनी बौखलाहट में दौड़ रही है अभी से हवा
कि पीछे-पीछे चली आती है एक दूसरी कम बौखलाई नहीं
चीरती हुई बाहर का दृश्य
हमारी आँखों को जो ढाँपे हुए है

लोग शब्दहीन होते जा रहे हैं
हाथों से पकड़े अपनी चुप्पियाँ
बेटियाँ जो कल तक खेलती थीं
अपने आँगनों दालानों में
पेड़ों की शाखाओं से लटकाई गई हैं
जैसे हों वे काग़ज़ की गुड़िया

किसी दु:स्वप्न की कतरनें या कि
फटा हुआ उसका कोई हिस्सा

यह समय यूँ ही नहीं रह सकता आख़िर
उतारी जाएँगी ये बच्चियाँ हत्यारी इन शाखाओं से
चिह्नित किए जाएँगे हत्यारे
नहीं आज तो बाद आज के
हिसाब-किताब बराबर होगा

धूल-भरी आँधी उठेगी कहीं से
अनगिनत उन आँखों को सचमुच पत्थर बनाती
जिन्होंने देखी ये हत्याएँ और चुप रहीं
सोचकर ये थीं दलितों की बेटियाँ

सम्पत्ति यह पृथ्वी

यहाँ तो सब कुछ तुम्हारी सम्पत्ति है
पूरी पृथ्वी ही है निशाने पर तुम्हारे
तुम्हारी तृष्णा से कुछ भी बचा नहीं रहेगा एक दिन
सब कुछ पर होगा तुम्हारा आधिपत्य
छोटी से छोटी भावना पर निर्मम क्रूर दृष्टि तुम्हारी
जानवरों से लेकर मनुष्यों तक
सब पर अधिकार है वैसे भी तुम्हारा
तुम्हारे बच्चे तुम्हारी सम्पत्ति हैं
तुम उन्हें किसी और तरह से जानते भी नहीं
पत्नियों के स्वामी तो अनन्तकाल से रहे हो तुम

मगर बच्चे इस धरती के होते हैं जैसे हम तुम स्वयं भी
प्रकृति जिन्हें सींचती है अपनी नम आँखों से
अपनी हवा से बनाती है जिनके मन
अपनी बारिशों से पैदा करती है वासना
जीवन के लिए
अपने हरे लाल-पीले-बैंगनी अनगिनत दूसरे रंगों से
गढ़ती है उनके अपने रंग

और अब तो उसके पास एक दूसरी कल्पना भी है
तुम्हारे स्वामित्व से उबरने की
जैसे है अब स्त्री की भी एक अपनी कल्पना
जबरन प्रेम और मोह की गिरफ़्त से
छूट कर इस संसार में जीने की

यहाँ सब कुछ तुम्हारी सम्पत्ति नहीं
कुछ इस तरह सोचकर देखो
कितनी अबाध दिखेगी तुम्हें अपनी ही स्वायत्तता!

इस पितृसत्तात्मक समय में

(मेधा के लिए)

1

अभी क्या समय हो रहा है
आधी रात निकल चुकी है
अभी उसका घर लौटना किसी संगीत समारोह से
वहाँ गाये गये गीतों को गुनगुनाते हुए
लैपटॉप पर फिर देखना कोई कलात्मक फ़िल्म
सोना सुबह पाँच बजे के आस-पास
जागना ढाई बजे दोपहर, दूसरे दिन
सोचती हूँ यह कैसा प्रतिशोध है तुम्हारा
इस पितृसत्तात्मक समय से
जहाँ दिन और रातें तय की गई हैं निश्चित कामों के लिए
जहाँ वे समय से अधिक जगहों-सी मालूम होती हैं
जिसमें एक स्त्री का होना होता है

समय को यूँ पलटना जीवन में
डरावना है प्रलयकारी भी
कहीं क्षत-विक्षत न कर दे यह तुम्हारी देह को

2

फिर भी कहती हूँ किसी तरह बची रहो, मेरी सन्तान
तुम्हारी देह वज्र समान हो जाए
कि तुम्हें मुझसे भी बड़ी लड़ाई लड़नी है
मुक्ति की राहें आत्मा को कँपाने वाली हमेशा से रही हैं
कि हमने हारी हैं कितनी ही लड़ाइयाँ
उनकी स्मृति ताज़े ख़ून-सी नसों में अब भी प्रवाहित है

रात में अपने सारे काम करना
दिन को ठोकर मारकर
किस अँधेरे को नहीं पहचानने की यह गुस्ताख़ी हो रही है
वैसे यह सब हमने भी किया था अपने समय में
सारे घाव तब ही पहचाने गए थे
रात के काले जल में देखो अब तक
डूबे हैं हमारे पाँव

कामना करती हूँ
तुम उबर आओ समय के साथ अपने इस प्रतिशोध से
संघर्ष में बची रहो जैसे हैं दुनिया की तमाम स्त्रियाँ
जागो समय से, जाओ सोने समय से
पेड़ों से छनकर आती रोशनियों को
आत्मा में प्रकाश की तरह उतारो भीतर
आगे पथ पथरीला है
और तम-सा है अभी भी

सृष्टि में प्रवेश

(दिव्या के लिए)

तुम्हारी आँखों में उभरा विचित्र-सा एक आत्मघाती भाव
एक उदासी ने फिर उसे घेर लिया
और तुम देर तक चुप रहीं
तुम्हें किसी सत्य का दर्शन जो हुआ था
उसी काले रंग वाले सर्प का!

मैं तुम्हारे साथ थी
जब यह पल गुज़रा था तुमसे होकर
तुम कुछ और हो गई थीं इसके बाद
मेरी दूसरी सन्तान तुम्हारे अंतस-मन को
बदलते देखा था मैंने
मेरा कलेजा काँपा था उस समय
तुमने थोड़ी देर बाद कहा था—
कला में क्या इतनी निर्ममता से
बसा होना चाहिए सत्य को?

तुम गई थीं कला की विद्यार्थी होकर
दिल्ली के कला महाविद्यालय में

कैम्पस में एक तरफ़ पड़ी थी
सफ़ेद पत्थर काटकर गढ़ी गई एक स्त्री-देह
नग्न परित्यक्त
जिसकी योनि दो भागों में कुछ यूँ विभक्त की गई थी
कि उससे झाँकती दिखे कोई दूसरी सृष्टि

उस कृति में वही था सत्य शाश्वत-सा बसा

तुम धक से रह गई थीं
एक काली छाया तुम्हारे चेहरे पर जैसे
झप्प से उतरी हो
तुम कुम्हाला-सी गई थीं
तुम्हें शक हुआ था यह मूर्ति गढ़ी गई है
किसी पुरुष द्वारा
स्त्री देह पूरी तरह असुरक्षित थी यहाँ
सत्य कहाँ है यह तुमने पूछा था

कौन किसे निर्मित करता है
कौन छीलता है किसी आत्मा को
तुम्हारा मन डगमग किसी नाव की तरह हो रहा था
तुम्हारी अपनी भी अनगढ़ देह
सिकुड़ने लगी थी किन्हीं आशंकाओं से
भविष्य एक बड़ी चील-सा लगने लगा था तुम्हें
"देह ही सृष्टि है
अपनी उत्पत्ति स्वयं करती
और योनि इसका प्रवेश द्वार—
इसकी मालकिन स्त्री है
कला में बार-बार सृष्टि को नया करती"—तुम बुदबुदाई थीं
तुम्हारी आँखें फिर जाकर टिक गई थीं

दूसरी किसी कलाकृति पर
कुछ अलग ढंग से इस बार

तुम भूल गई थीं कि मैं तुम्हारे साथ थी

तुम्हारा जाना हुआ सत्य
अब तुम्हारे साथ था।

बन्द हवा

आँखें खुलती हैं
चिड़ियाँ मिलती हैं
उदास डालों पर
फिसलन-भरे रास्ते
कितने बेबस
ताकते हैं पैरों की तरफ़

अँधेरा है
जंगल नहीं
बस लोग चल रहे हैं
या कि जा रहे हैं
पत्थर रास्ते
धूल आँखों में
बन्द हवा
चिड़ियों के दिलों में।

डॉक्टर की सलाह

डॉक्टर ने कहा
दर्द की एक अचूक दवा है गरम पानी
आत्मा में जन्मों से बसे दर्द की दवा समुद्र है
उसके पास जाएँ दस दिन वहीं उसे रोज़ देखें
असीम को जानने का अहसास होगा वहाँ
आपका नश्वर होना कोई मर्ज़ नहीं
आप यहाँ जानेंगे
आख़िर आप असीम का ही हिस्सा हैं

आप कुछ दिनों किसी नदी के किनारे जाएँ
उसकी स्वच्छन्दता का लोप
आप में कोई दर्द पैदा करेगा
शायद आप इसी से ठीक हो जाएँ
लोग कहते हैं सहानुभूति से आपका
बाहर-भीतर बदल जाता है
आप शायद इसी से ठीक हो जाएँ

आप हरी घास पर चलें
सुबह ओस से भरी घास

आपको भीतर तक भिगो देगी
आप तब शायद आँसुओं की प्रकृति समझ सकेंगे
अपने पड़ोसी की मदद कर सकेंगे
बिना सोचे वह किस जाति या धर्म का है
उसके बच्चों को अधिक लाड़ कर सकेंगे
ऐसे में भीतर चीज़ें हिलने लगती हैं
आपको तब कुत्तों बिल्लियों पर भी प्यार आएगा
आप दूसरे जीवों पर भी दया करना चाहेंगे
जो सूक्ष्म होते हैं
जो स्थूल होते हैं जैसे मनुष्य
उनको भी आप स्वयं की तरह समझने लगेंगे

सड़क पर ठंड में सोये किसी
ग़रीब परिवार के लिए घर से
कम्बल और कपड़े भी निकाल आप
उन्हें दे आएँगे
ठंड से मरना एक बेतुकी मौत है आप समझेंगे
आपको मृत्यु के बारे में भी फिर कुछ पता चलेगा
यही कि हम सबको मरना है एक रोज़
और अगर हम इसे जानते हुए यह जीवन जियें
तो बहुत आसानी होगी
समानधर्मा होने में

इन सब सच्चाइयों से आप इतना सींच लेंगे ख़ुद को
कि छोटी-मोटी बीमारियाँ तो कभी लगेंगी ही नहीं आपको
बल्कि तब आप ज़्यादा आराम महसूस करेंगे

हृदय रोग आपको अन्त तक नहीं छू पाएगा
आप अपने हृदय को इतना विशाल बना चुके होंगे तब तक

ख़ुद से बँधकर रहना एक बीमारी है
जो ज़्यादा ख़तरनाक है
मनुष्य स्वार्थी नहीं
अपनी इस प्रकृति से वह
परमार्थी है
अपनी प्रकृति से जुदा होना
जानलेवा है यह तो आप जानते ही होंगे

आप जाड़े में गरम पानी पीएँ
ज़्यादा दवाइयों की फिर ज़रूरत नहीं पड़ेगी
बरसात में ग़रीब लोगों की बस्तियों में
उन्हें पानी के प्रकोप से बचाने भी जाएँ
तब आपको वाक़ई दूसरी दवाइयों की
ज़रूरत नहीं पड़ेगी
डॉक्टर भी सिर्फ़ देह के रोग के नहीं होने चाहिए
आत्मा के भी होने चाहिए
जिसके उपचार के लिए
किसी ज्योतिषी या साधु संत के पास
जाने की कोई ज़रूरत नहीं पड़ेगी

यदि आप ठीक से अपने को
इस तरह सँभालें
रात की हवा तब आपको
बहुत अपनी लगेगी
आप उससे बातें किया करेंगे

दिन में जगे खग-विहग
आवाज़ें उनकी
अपनी बिसरी आवाज़ों-सी लगेंगी
फूल पत्तों पर यूँ हाथ
फेरेंगे आप जैसे अपने
बच्चों के माथे को सहला रहे हों

आप ख़ुश रहा करेंगे इसी संसार में
और सेहतमंद रहेंगे
आपको डॉक्टर की ज़रूरत नहीं रहेगी
ख़ुदमुख़्तार होंगे आप

आपका दिन शुभ हो
आप पूरा दिन मस्त रहें
यही कामना है
सलाह नहीं इस डॉक्टर की।

माँद और जोख़िम का रिश्ता

(कुँवर नारायण के लिए, 'सामने का समय' पढ़ते हुए)

माँद और जोखिम का रिश्ता जो समझ लेते हैं
घेरती हों चाहे जितनी शंकाएँ विसंगतियाँ उनको
वे जानते हैं मनुष्य होने का उल्लास
तोड़कर सारे बन्धन चले जाते हैं जो प्रकृति के भीतर
पाने अकेलेपन को उसकी गरिमा में
याद करते हुए उनको
जिनके साथ होने से पिछले सारे आघात
भुलाए जा सकते थे
सँभलकर कविता में टिकाते हैं वे ही
काले आदमी की मनुष्यता को एक छड़ी की तरह
वियतनाम वियाफ्रा बांग्लादेश इराक़ में
देखते हैं जो मरते हुए एक ही मनुष्य को

जानते हैं वे कविता की ऊँचाई होती है
किसी पहाड़ की चोटी से भी ऊँची
चले जाते हैं मगर नाक की सीध में
समझते हुए भी कि यह कोई भोलापन नहीं

एक ज़िद है
धँसे कलेजे में उनका प्रेम अब भी पहले जितना ही संचित है
उमड़ता है जो काई की कालीन पर लेटी
किसी अनात्म देह के लिए एक दिन

अपनी शराफ़त को क्रोध की तरह तपाकर जो
बिगाड़ते नहीं दूसरों का कुछ
एक फिसड्डी सुझाव में ही तब्दील हो जाती है
जिनकी सारी तकलीफ़
अपने होने के वहम को जो एक चीख़ के साथ स्वीकार करते हैं
वही कहते हैं 'दर्द के अकेलेपन से कहीं ज़्यादा है
ख़ुशी का अकेलापन'

देखने जाते हैं वे उस जगह को एक दिन
जहाँ जाकर थक गए थे सिकंदर के सिपाही
फ़तह यों मुँह मोड़ सकती है शाहंशाहों से
वे सोचते हैं
हैरत में पड़ जाते हैं जब मिल जाती है मुस्कराती हुई
अपनी ही कविता वहाँ
पहचानने और न पहचानने के क्षण-भर के खेल के बाद
चुपचाप साथ लिये आते हैं उसे अपनी भाषा में
जैसे लौटे हों घर सुबह की सैर के बाद

अधबनी चाय

उसे सुबह-सुबह आज फीकी और अधबनी चाय पीने को मिली
कितनी ही चीज़ें अधबनी हैं वैसे तो
उन्हीं के बीच नश्वर यह जीवन!

अच्छी बनी चाय से
यह भ्रम होता है
क्षणिक ही सही
कि सब कुछ ठीक-ठाक है जीवन में

अच्छी बनी चाय
एक एकान्त रचती है
आधुनिक एकान्त!
जिसका स्वाद जीवन के स्वाद-सा लगता है
किसी की कटु बातें भी
इसमें घुल जाती हैं
यहाँ बुरे को अच्छे में आसानी से
बदला जा सकता है

बहुत कुछ भुलाया जा सकता है
अप्रिय ढेर सारी बातों को
शक्कर बना सकते हैं
यदि आप मधुमेह से पीड़ित ना हों
आपस के मनमुटाव भी अच्छी चाय पीते हुए
सुलझाए जा सकते हैं
तभी आप दूसरों को चाय पर बुलाते हैं
और अपने को पहले आश्वस्त करते हैं
कि चाय अच्छी बनी होनी चाहिए

चाय पर चाय के बारे में भी
बहुत-सी बातें की जा सकती हैं
इसी बहाने उपनिवेशवाद पर भी
गहरी दृष्टि डाली जा सकती है
इतिहास और चाय के प्रकार
जैसे आधुनिकता और उसके प्रकार पर
यह एक दार्शनिक समय हो जा सकता है चाय पीने वालों के लिए
और यह अच्छी सलाह है कि यदि चाय अच्छी नहीं बनी हो
तो आदमी बस गरम पानी पिये
उसका भी अपना एक स्वाद होता है

क्या पानी के स्वाद के बारे में सोचते हैं लोग
उस पर भी बातचीत या चिन्तन हो सकता है
लेकिन चाय तो चाय है
हमारे नये यानी आधुनिक होने की गवाह
इसे अच्छे से बनाने की हर तरकीब पर विचार करना चाहिए
यह एक घर-पड़ोस ही नहीं एक देश बनाने जैसा गम्भीर मसला है
चाय पर युद्ध और शान्ति के फ़ैसले होते हैं

विवाह और तलाक़ भी
कितना कुछ बन और बिगड़ सकता है चाय पर
कितनी प्यालियाँ टूटीं
इसी वजह से
कितनी ज़िन्दगियाँ बिखर गईं
यह तो समझदार को ही पता है।

दृश्य चलते हैं

यह तो पता न था
यह तो किसी को पता न था
उन्हें भी नहीं जिनके लिए
सारी कायनात के इन्तेज़ामात थे
कि एक दिन बुरे सपने की तरह
एक जीवाणु उनकी नींद से होता हुआ
घुस जाएगा उनके फेफड़े में
उनकी सारी हवा निकाल देगा
या कि सोख लेगा प्राण

यह तो पता न था मज़दूर मानुष को
कि चलना पड़ेगा अचानक
जीवन को पार करना होगा, इतना चलना होगा
आत्मा को झेलनी होगी ऐसी फ़ज़ीहत
जिसके लिए देह तैयार भी हो जाए
वह तैयार नहीं होती

उसकी स्त्री को भी कहाँ पता था
सड़क पर जननी पड़ेगी पेट में पल रही बच्ची

बावजूद इसके चलना पड़ेगा सोलह कोस आगे
पहुँचने के लिए घर, होश में आने के लिए
उसे क्या पता था बेहोशी में भी
एक औरत चल सकती है इतनी दूर
जबकि वह चलती रही है नींद में कब से
उसे तो अब पता चला है
कि पूरी जीवन-यात्रा एक बेहोशी ही थी
वरना झेलती कैसे वह
अब तक के सारे अत्याचार
ख़ाली चूल्हे और बुझी आग

आख़िर वह कैसे भरती रही है पेट बच्चों के
वह एक बेहोशी ही रही होगी अलबत्ता अपनी तरह की
जिसमें एक स्त्री ने सुलाया होगा अपने बच्चे को
सूटकेस पर और खींचती हुई जैसे पूरी पृथ्वी को
कोसों बढ़ती गई होगी घर की ओर
इस यात्रा में
कितनी बची रही है वह मनुष्य
और कितना बचा रहा है जीवाणु
यह किसी को नहीं पता

लेकिन इतना भी नहीं है यह रहस्य
लोगों को पता है अपने
शासकों की अन्तहीन क्रूरता का सबब अब
जिन्होंने देखे यह दृश्य
जनसैलाब का पैरों-पैरों चलते जाना
लोगों ने जाना पहली बार
कि सामान्य दृश्य चलते हैं

बाज़ दफ़ा उनके पाँव भी होते हैं
कि वे भी कुचल सकते हैं
कुचले ही नहीं जाते रहेंगे हर दफ़ा।

जीवागार

कई तरह की मछलियाँ, घोंघे, समुद्री घोड़े, सर्प
जीवन के क़यास लिये तैरते हैं
कई तरह की घास, कोरल, कछुए, ऑक्टोपस
एक दूसरे से उलझते रहते हैं
कई तरह के मनुष्य उन्हें मारने की हिंसा से भरे
उन्हें बेधते रहे हैं
सिर्फ़ अकेली वह है
वही सीपी सरीखी आत्मा
जो सबमें एक-सी होती है
एक मोती या कि प्रकृति
सबको आश्चर्य से देखती हुई
किस तरह बचा रह पाता है कौन
इस जीवागार में
उसे ख़ुद से भरता।

मृत्यु तुम कहाँ रहती हो

जब शाम अपने वस्त्र बदल रही हो
रात झपका रही हो पलकें
मृत्यु, तब तुम और कहाँ से झाँक रही होती हो
तुम्हारे बारे में वैसे अभी सोचना नहीं चाहती
उस अज्ञात के बारे में सोचना चाहती हूँ
जीवन सरीखी जो भीतर धँसी रहती है
बाहर-भीतर एक करती हुई
सारे दुखों को

मृत्यु तुम अभी दफ़ा हो जाओ

वैसे वे कौन-सी जगहें हैं
जहाँ तुम होती हो
वहीं जाओ
क्या कहा तुमने
तुम हर सिम्त
हर जगह हो!

हर प्रान्त
हर काल में!

तुम्हें कैसे पहचानूँ तब
क्या तुम कोई बैक्टीरिया या वाइरस
ट्रक या रेलगाड़ी या फिर हवाई जहाज़
या वह बिस्तर हो
जिस पर लोग त्यागते हैं प्राण
वह शून्य जिसमें विलीन होते हैं
प्रिय

कौन हो तुम
वैसे भूख की तरह तुम्हें
बहुतों ने जाना है
क्या तुम भूख हो
मगर कैसी
उदर की या मस्तिष्क की
क्या तुम प्रेम की भूख हो
इस भूख में किस तरह मारती हो तुम
मनुष्य को
क्या ऐसी भूख दूसरे जीवों की भी होती है
शायद तुम जानती हो
मत कहना प्रेमियों से ही पूछो

तुम अपने साँय-साँय करते
शून्य को दिखाओ
जिसमें गई वह आठ बरस की बच्ची
जिसे कई लोगों ने मिलकर मारा—

बिस्तर में
बेहोशी और नींद में
पवित्र स्थल में
क्या तुम्हें देखा जा सकता है
क्या हमारा आपस में कभी सामना हुआ है
क्या तुम एक स्त्री-सी दिखती हो
चेहरे को ढाँके हुए
इस संसार से वैसे क्या पर्दा है तुम्हारा
तुम्हारी आँखें मैं देख पाई थी उस दिन
तैरती अनंतता थी वहाँ
अनेक परछाइयों-सा तैरता समय
जो जितना दिखता था उतना ही नहीं

मैं उसी अव्यक्त धुँधलके में हूँ
क्या यहाँ मिलना सम्भव है
खो गए लोगों से
मारी गई आयशा से
क्या वह वहाँ सुरक्षित है अपनी देह संग
क्या वहाँ हमारे जन्म
स्मृतियाँ
धोखे में परिणत होते प्रेम
सब सुरक्षित होंगे
हमारे पाप
क्रूरताएँ
क्या सब तुम्हारे पास हैं तुम्हारी साँय-साँय में

मृत्यु क्या सचमुच तुम कोई नींद हो
और यह जीवन एक स्वप्न

यह बात मेरी ही कही है मगर अब पुरानी लगती है
क्या तुम पहचानी जाते ही बदल लेती हो अपना ढब
क्या तुम नई होती रहती हो
कुछ कम निश्चित
ज़्यादा निष्ठुर अपने कामों में

मेरे पास कब आओगी
क्या तुम पानी का कोई जहाज़ बनकर आओगी
मुझे अन्देशा रहता है
एक दिन मैं किसी पानी के जहाज़ पर चढ़ूँगी
और वह ले डूबेगा मुझे
पानी से हमेशा डर लगता है मुझे
नाव पर तो चक्कर भी आते हैं
जल को चीरती जाती नाव की ओर नहीं करती अपनी आँख
मैं आसमान में ताकती रहती हूँ तब तक
जब तक किनारे न पहुँचूँ

मुझे सबसे अच्छा पैदल चलना लगता है
तुम साइकिल बनकर आना
और मुझे मारती हुई चली जाना
मामूली होगी यह मौत
मुझे भी पता न चलेगा
मैं एक मामूली मौत ही मरना चाहूँगी
कई तोपों की न सलामी
न हो-हल्ला चाहिए होगा मुझे

बस कोई भीड़ न मारे मुझे
जबरन जय श्री राम न कहलवाए

कोई सरकारी अफ़सर ग़ायब न करे मेरी मिट्टी
जाऊँ बिना झंझट के, झगड़े के
बिना क्षत-विक्षत हुए
जैसे हवा जाती है एक घाटी से
दूसरी घाटी में
कोई चिड़िया जैसे
एक डाल से दूसरी डाल पर।

हराती रोशनियाँ

रोशनियाँ कितना भटकाती हैं मुझे
कितनी बार रास्ता खोती हूँ
पार करती हूँ अन्धकार के कितने
चट्टानी रास्ते

कितनी बार एक दुनिया को मिटाती हूँ
दूसरी के लिए
कितनी ही बार रोशनियाँ आती हैं मदद के लिए
ख़ाली हाथ
कितनी ही बार हराती हैं मुझे।

कहने की मुश्किल

सारी मुश्किलें तो कहने में ही हैं
सारी तकलीफ़ बयान की
तजुर्बे में औंधी बन्द पड़ी बात
को वैसे ही छोड़ देना चाहिए
मगर बार-बार यही वह बात है
जो पलट-पलटकर देखती है मुझे
इशारा करती उस आवाज़ की तरफ़
जिसमें मेरी चीख़ थी
उस तेज़ तूफ़ान की तरफ़
जो आ रहा था सब कुछ मिटाने के लिए

कौन जान सकेगा आख़िर
हवा की इस रफ़्तार ने क्या किया
एक इंसान के साथ
जो कह सकता था कुछ उस औंधी पड़ी
बात के बारे में

सारी मुश्किलें कहने में ही हैं
सारी तकलीफ़ नहीं कह पाने में।

मछलियों की आँखें

यह क्या है जो मन को किसी परछाईं-सा हिलाता है
यह तो हवा नहीं चिरपरिचित सुबह वाली
चिड़ियाँ जिसमें आ सुना जाती थीं प्रकृति का हाल
धूप जाड़े वाली भी नहीं
ले आती थी जो मधुमक्खियों के गुंजार
यह कोई और हक़ीक़त है
कोई आशंका ख़ुद को एतबार की तरह गढ़ती
कि कुछ होगा इस समय में ऐसा
जिससे बदल जाएगा हवा-धूप वाला यह संसार
मधुमक्खियाँ जिससे निकल चली जाएँगी बाहर
अपने अमृत-छत्ते छोड़
हो सकता है हमें यह जगह ही छोड़नी पड़े
ख़ाली करनी पड़े अपनी देह
वासनाओं के व्यक्तिगत इतिहास से
जाना पड़े समुद्र तल में
खोजने मछलियों की वे आँखें
जो गुम हुईं हमीं में कहीं।

मैं आती हूँ तुम चलो

तुम चलो कि मैं आती हूँ यह सब कुछ समेटकर
तुम्हारी बिखरी चीज़ों को ज़रा क़रीने से रख लूँ
प्रेस के लिए गए तुम्हारे कपड़े ले लूँ
तुम्हारी इधर-उधर गुम हुई
कविताओं को खोज लूँ
उन्हें तुम्हारे जीवन की किताब में रख दूँ

तुमने जीवन के कितने ही प्रसंग छिपा लिये थे मुझसे
कि मैं आहत न होऊँ
उन प्रसंगों को जान लूँ
अपने दिल को समझा लूँ
साफ़ कर लूँ मन के कई इलाक़ों को
कोशिश करूँगी तुम्हें भला-बुरा न कहूँ
मनुष्य का जीवन ही ऐसा है
ज़्यादातर रहस्य में डूबा
उसके रहस्य को अर्थपूर्ण रहने दूँ
ऐसा करने में थोड़ा समय लगेगा

तुम प्रतीक्षा करना बिना अकुलाए
आती हूँ तुम चलो

थोड़ा समय लेकर आती हूँ
अपने बच्चों के भविष्य के लिए
दो-चार ईंटें बिछा दूँ
वे अपना मकान ख़ुद बनाएँगी
हमने वैसे भी ऐसा ही फ़ैसला किया था
वे ख़ुशियों में विश्वास करती हैं
प्रफुल्लता को जीवन का रस
समझती हैं
इन्हें दुःख जल्दी न छुए
इसके लिए इन्हें बड़ा करके आती हूँ
तुम चलो तुम्हारी सुन्दर क़लमों में
सियाही भर रही हूँ
सबसे ज़्यादा वक़्त इसी में
लगेगा

अपना काम तो तुम्हारी सुन्दर हस्तलिपि
देखकर चलता है
लगता है जैसे अभी-अभी लिखकर
तुमने एक पन्ना किनारे रखा हो
इसकी सियाही गीली है अब तक
तुम्हारे रक्त-सी

चलो इसे सुखाकर आती हूँ

फ़िलहाल कविताओं के वन में

जाती हूँ फिर लौटकर
अपनी कविताओं में
उन्हीं के जीवन से लाती हूँ अपने लिए साँस
उनके ही अरण्य में बहती है वह हवा
जो जिलाए रखती है मुझे

लौटती हूँ बार-बार
अपनी कविताओं के घने वन में
जहाँ वे हैं पेड़ों की तरह
बतियातीं एक दूसरे से
आश्रित एक दूसरे के प्रेम पर
जिन्हें सुनना ही
आवाज़ की दुनिया में दाख़िल होने जैसा है
अन्ततः जहाँ रहते हैं शब्द आनन्द में
अर्थ जहाँ पत्तों की सरसराहट में
पाते हैं अपना परिष्कार

जाती हूँ अपनी कविताओं में लौटकर बार-बार
पढ़ती हूँ उन्हें जैसे वे सिर्फ़ मेरी नहीं
कई स्त्रियाँ तलाश सकती हैं अपने अँधेरे
छोड़ आई थीं जिन्हें वे कभी वहाँ
अन्तरंग हो सकती हैं दोबारा उनसे
देख सकती हैं अपने चुम्बनों के
व्यक्तिगत इतिहास
उनके ठाठ अब भी
रुदन आँसू सब वैसे ही बचे हैं वहाँ
जैसे जीवन

मैं होती हूँ एक उनके साथ
लाती हूँ अपनी एक-एक साँस
वापस बटोरकर
सहज लौटते हैं मुझमें मेरे सारे सन्ताप-उल्लास
और वे राग जिनसे अब भी
बँधी हूँ किसी आलाप की तरह

मिल जाती हूँ अपनी कविताओं में
बार-बार लौटती हुई उनमें
जैसे वे भी मिली हुईं मुझमें
मेरी देह और रंग की हिस्सेदार

लौटती हूँ अपनी कविताओं में
उस आनन्द के लिए
जिसे सिर्फ़ शब्द जानते हैं
अपनी ध्वनियों के विलास में

उस अर्थ के लिए
जिसे देह जानती है
स्मृति में बचे अभिसार की तरह

किसी और रंग में

यह कहाँ से आती हुई आवाज़ है और किसकी
पीली पड़ी देह की रुग्णता हवा में मिली हुई
आकर अपना पीलापन जो छोड़ जाती है
कितना कुछ महसूस करने में है
एक और देह की उन उदासियों को
वर्षों जो उससे लिपटी रहीं
जिन्हें कभी जाना था

किधर से यह आवाज़ आती है
अब बस करो कहीं ठहरो एक जगह
मत मिलाओ सारी ख़ुश्बुओं को एक में

जानना कितना मुश्किल हो जाएगा फिर
कौन-सा स्पर्श किसका था
शब्दों पर से ऐतबार न उठे
इसलिए याद रखना ज़रूरी है उसका कहा हुआ
प्रेम में मरना सबसे अच्छी मृत्यु है
और यह भी कि सम्भोग भी आख़िर एक मृत्यु है, छोटी ही सही

जिसके बाद मनुष्य का दूसरा जन्म होता है
कई ऐसी ही बातें लगभग साँसों पर चलती हुईं
आत्मा से उतारी गई होंगी उसकी ही तरह

किधर से फिर यह कौन-सी आवाज़ आती है
जिससे पहचानी जाएगी एक स्त्री
जिसका पीला रंग बदलने से मना करता है
किसी और रंग में

लौटती हूँ तुम में शाल वन

आरण्यकों में क़ैद जंगल
पुराणों में शताब्दियाँ
लौटती हूँ तुम में शाल वन
ठहरा आई थी जहाँ अपने प्रिय चिन्तकों को
जो खड़े होंगे अब भी
रूसो मार्क्स रोज़ा लक्सेम्बर्ग
सुनते हुए बगल के शीशम के जंगल से
आती हवा की सरसराती आवाज़

बिम्ब

मैं उन बिम्बों तक कैसे पहुँची
या वे ख़ुद किसी तारे की तरह उतरे मुझमें
कह नहीं सकती

बार-बार उन रास्तों को याद करती हूँ
जो चेतना की गलियों-से लगते हैं
जिनमें ज्ञान की ईंटें बिछी हैं
ठोस पैरों को आश्वस्त करतीं
फिसलने के भय से बचातीं
फिर भी वह धुँधलका जो फैला है
मेरे और इन बिम्बों के बीच
हृदयविदारक है कविता के लिए
वह जो था कभी कहीं ठोस-सा
बस एक बिम्ब-भर है

आज की रात
तारा एक बिम्ब है

नहीं-सा

कल मुझे किसी ने सपने में प्यार किया
वह एक अलग दुनिया जान पड़ी
अपनी नसों में ख़ून का एक प्रवाह महसूस हुआ
आश्चर्य कि इस सपने में प्यार करने वाला नहीं दिखा
यह कुछ मछली के तड़पने के अहसास-सा था
उसकी आँखें मुझमें थिर होती-सीं

पानी कहीं नहीं था यक़ीनन
पानी की तरह हवा थी
जिसमें बहुत कम आक्सीजन थी
और वह प्यार वायुमंडल के दबाव की तरह
दूसरों पर भी ज्यों पड़ रहा था
यहाँ कोई और न था
बस सबके होने का एहसास था
वैसे ही जैसे प्यार था सपने में

ज़रा देर बाद मगर
एक गाड़ी जाती हुई दिखी

जिसमें शायद मैं ही बैठी थी
कार के बोनट पर
हवा में पंख लहराता एक बाज़ बैठा दिखा
जो बाज़ नहीं था
वह एक मछली थी शायद
जिसके पंख थे हवा में तैरते

सपने में ही सोचती रही
एक दूसरे से मिलती हुई
अभी कितनी ही और चीज़ें मिलेंगी
जो दरअसल वे नहीं होंगी

अच्छा हुआ सपने में मुझे जिसने प्यार किया
वह नहीं दिखा
आख़िर वह नहीं होता जो दिखता था
जिसे पहचानने की आदत पड़ी हुई थी
वह खर-पात से बना कोई जीव होता शायद
दूसरी तरह की हवा में जीने वाला
प्रकृति का कोई नया आविष्कार
जिसे पहले न देखा गया हो
वह मनुष्य से वैसे ही मिलता-जुलता होता
जैसे नहीं-सा

हवा संग रहूँगी

आज रविवार है
आज किसी का इंतज़ार नहीं करूँगी
आज मैं क्षमा करूँगी
आज मैं हवा संग रहूँगी
उसके स्पर्श से सिहरी एक डाल की तरह

बस अपनी जगह रहूँगी
अलबत्ता थोड़ी देर बाद
पास ही तालाब में तैरती मछली को
देखने जाऊँगी
जानूँगी वे क्या पसन्द करती हैं
तैरते रहना लगातार या सुस्ताना भी ज़रा
मैं उनकी आँखों में झाँकूँगी
बसी उनमें सुन्दरता के मारक सम्मोहन को
शामिल करूँगी जीवन के नए अनुभवों में

आज पानी के पास रहूँगी
उसकी गन्ध को भीतर तक उतारूँगी

उसके आस-पास के घास-पात के बहाने
भीतर के खर-पात देखूँगी

आज रविवार है
आज किसी का इंतज़ार नहीं करूँगी
इस धरती पर रहूँगी
उसके तापमान की तरह

वह जीवन को जानती है

[गगन गिल के लिए]

जिसने इक धागे को पहचान लिया
वह पूरे कपड़े को जान जाएगी
जिसने दिन के दुख को अलग से सहा
वह रात को भी उसके दुख के पास लाएगी
वह इस दुनिया में जीना जानती है
वह इसके बाद भी चलना जानेगी

कहाँ पत्थर है कहाँ पानी
वह सपने में ही देख लेती है
तभी तो वह विशाल ख़ाली मैदान की तरफ़
निर्भय चलती चली जाती है

जिसने वियोग को जाना
वह प्रेम भी जानेगी
जिसने जाना यात्रा को
वही जीवन को भी जानेगी!

रात की हवा

हूँ जैसे रात अभी
और हवा
दिल के ख़ज़ाने में समेटे वे सारे चुम्बन
खो चुके जो अपने स्वाद

हूँ जैसे नहीं हूँ
जैसे नहीं वे बातें
जिनसे हम थे इस सृष्टि में

रात घनघोर है
जैसे घनघोर बारिश
जिसमें भीगती हैं हमारी आँखें
जो कुछ और देखती हैं अब

अभी रात है
और रात की हवा
हिलाती हुई घास को एक अजब लय में
जो अब जीवन में नहीं

और उधर पत्थर पर
रात से भी काली छाया
किसी बड़े पक्षी की
विभक्त उसके दो पंखों में

यह छाया बड़ी अपनी ही छाया से
चली आ रही है इधर
ग़नीमत है अभी रात है और
रात की हवा

कोई अन्धकार चाहता है

कोई चूमता है मुझे जैसे चाँद बादलों को
या यह है असर सिर्फ़ चाँदनी का
जिसकी रोशनी मुझ पर पड़ रही है
ख़ुद का पागलपन जैसे आलोकित करता हो
भीतर का कोई घुप्प इलाक़ा
सभ्यताएँ जिसको ढँकती रही हैं
कि हम देख न सकें
असर ख़ुद का ख़ुद पर

सचमुच क्या कोई चूमता है मुझे
पागलों की तरह
जिसे मैं जानती नहीं
कोई अन्धकार चाहता है मुझे
अनजान वह जाने कैसे जानता है
मेरे बालों को सहलाने का तरीक़ा

मैं देखना चाहती हूँ उनका चेहरा
जैसे चाँद को नए सिरे से

दावा

नीबू के फूलों की गन्ध
सारे बचे संयम को तोड़ देती है
बचे रहते हैं बस हमीं
और यह हवा, रात और कोई अनजान सुख
एक दूसरे में घुले-मिले कुछ ऐसे
कि दिखते नहीं अलग

आह! यह हवा कुछ और ही
पागल किए जाती है इस रात को

चाँदनी मेरी देह को जानने का
दावा करती है
मुझमें धँसे मेरे ही चेहरे को
उठाती है ऊपर

प्रिया

आज सपनों के बाहर थी रात
जिसे अपना रंग समझ में आ रहा था

आज किसी का इन्तज़ार नहीं था
इन्तज़ार समझ में आ रहा था
जिसे आना था आज
भीतर ही बैठा मिला
मुझे देखते ही बाँहें फैलाईं
और कहा 'प्रिया...'

अलविदा

लौट गया सारा अन्धकार
लौट गई रात छोड़ ख़ाली सड़क
उदास मुझमें उसका थोड़ा उजाला बचा रहा
समेटकर उसे बालों में सिर को हल्के से झटका दिया मैंने
फिर कहा अलविदा!

अलविदा रात में बहने वाली तेज़ हवा
अलविदा उसकी रफ़्तार जो कभी कम नहीं हुई
बेदम हुई अलबत्ता आख़िरकार कल ही

अलविदा समुद्र जिसकी फेनिल लहरें
मेरे क़दमों में लोट जाती थीं
एक रहस्य की तरह सारी कायनात
जिसमें चीज़ें मिली रहती हैं कुछ इस तरह
जीवन में मृत्यु ज्यों
आँख झपकते कुछ से कुछ हो जाती हुईं

क्या करूँ

क्या करूँ कि हवा चले विपरीत दिशा में
पक्षी लौटें अपने नीड़ों में बिना भटके
क्या करूँ कि नदी में जल रहे
लकड़ी-सी यह देह किसी के तोड़ने से ना टूटे
धीरज आँखों में बसी रोशनी, रोशनी-सी रहे

क्या करूँ कि जाता हुआ वह आता-सा दिखे...

✪✪✪